KB270798

문학과지성 시인선 42

대 꽃

최두석 시집

문학과지성사에서 펴낸 최두석의 시집

성에꽃(1990)
사람들 사이에 꽃이 필 때(1997)
꽃에게 길을 묻는다(2003)

문학과지성 시인선 42

대꽃

초판 1쇄 발행 1984년 12월 20일
초판 7쇄 발행 2013년 8월 14일

지 은 이 최두석
펴 낸 이 주일우
펴 낸 곳 ㈜문학과지성사

등록번호 제1993-000098호
주   소 121-840 서울 마포구 서교동 395-2
전   화 02)338-7224
팩   스 02)323-4180(편집)   02)338-7221(영업)
전자우편 moonji@moonji.com
홈페이지 www.moonji.com

ⓒ 최두석, 1984. Printed in Seoul, Korea

ISBN 89-320-0220-7

自　序

　　이 시집에 수록된 상당수의 작품은 실화
를 바탕으로 한다. 밤이면 다시 얼어붙을
것이지만 낮 동안의 햇살에 땅거죽이 녹았
을 때 고무신에 질퍽하게 달라붙는 흙, 자
칫하면 신을 빼앗기 일쑤인 끈적거리는 흙.
내가 실화에 얽매이는 것은 이 질퍽거리며
끈적거리는 흙을 떨쳐 버릴 수 없는 것과
같이 느껴진다.

1984 년 11 월

崔 斗 錫

대 꽃

차 례

▨ 自 序

I

II

I

노래와 이야기

노래는 심장에, 이야기는 뇌수에 박힌다
처용이 밤늦게 돌아와, 노래로써
아내를 범한 귀신을 꿇어 엎드리게 했다지만
막상 목청을 떼어내고 남은 가사는
베개에 떨어뜨린 머리카락 하나 건드리지 못한다
하지만 처용의 이야기는 살아 남아
새로운 노래와 풍속을 짓고 유전해 가리라
정간보가 오선지로 바뀌고
이제 아무도 시집에 악보를 그리지 않는다
노래하고 싶은 시인은 말 속에
은밀히 심장의 박동을 골라 넣는다
그러나 내 격정의 상처는 노래에 쉬이 덧나
다스리는 처방은 이야기일 뿐
이야기로 하필 시를 쓰며
뇌수와 심장이 가장 긴밀히 결합되길 바란다.

나　무

　나무는 어느 순간에 두 줄기로 나뉘어 자라기 시작했다. 두 줄기는 계속 비슷한 굵기 높이로 자라나 서로의 가지들을 뻗쳐 나갔고 줄기 사이의 거리도 점점 멀어져 갔다. 뻗친 가지 틈틈이 그리움의 붉은 열매를 달고 하염없이 나이테만 돌렸다.

　멀어지는 것은 나무의 운명인가?
　자기만을 감싸는 나이테는 나무의 이데올로기인가?

　어느 해 태풍이 몹시 불던 해, 고아와 과부들이 숙숙 늘던 해, 한쪽 줄기는 벼락을 맞아 부러져 없어지고 나무는 커다란 상처 이(齒) 드러낸 그대로 한 줄기가 되었다.

그 늘

나무와 나는 마주 보며 섰다. 나무는 무성한 그늘을 디디고 있었다. 바람이 불면 그늘은 나무의 아랫도리를 적시고 내 발부리까지 다가와서 출렁거렸다.

나도 살며시 그늘을 디뎌 보았다. 가라앉았다. 가라앉았다. 아득한 水深으로⋯⋯

이에 나무는 나를 건져 기슭에 던져 버렸다.

기슭을 짚고 물장구를 쳤다. (이러길 그 얼마 만이던가.) 하반신이 떴다. 둥둥 떠올랐다. ⋯⋯까마득한 높이까지(이것은 물구나무서기였다.)

마침내 이 물구나무서기가 절정에 이르렀을 때 불어 온 한 줄기 거센 바람은 나를 수평으로 쓰러뜨렸다. 여기서 내 몸은 한 장 낙엽의 자세로 그늘 위에 떴는데

이때부터나. 그늘 속에서 수영을 할 수 있게 된 것은.

김 통 정

팔만대장경 옻빛 판목을 시리게 들여다보다가 잠든 밤 꿈
속에서 솟구친 나의 욕망은 서남해안을 흰 돛배로 헤매더니
파도 건너 제주도 애월면 고성리, 청상과부집 장독 밑에서
지렁이로 꿈틀거렸다.

지렁이는 꿈틀거림으로 뭉클뭉클 자라나서 어느날 문풍지
에 스미는 달빛을 타고 과부의 방을 침범했다. 억센 불가항
력의 사내로

여자의 허리가 굵어질수록 새벽과 더불어 사라지는 사내의
행방이 궁금했다.
하룻밤은 궁금의 긴 실오라기 끝 바늘을 사내의 옷깃에 꿰
었다.

다음날 사내는 장독 밑에서 커다란 지렁이로 죽어 있었다.
누리의 흙을 붉게 적시면서…… (그런 지 몇 달 후 여자는 온
몸에 비늘 돋친 아이를 낳았다. 이름은 김통정)

달 래 강

　　임진강이 굽어 흐르다 만나는 휴전선, 그 달개비꽃 흐드러
진 십 리 거리에서 부모 없이 과년한 오누이가 살고 있었다.
　　오누이는 몇 마디씩 고구마 넝쿨을 잘라서 강 건너 밭에
심고 돌아오는 길이었다. 갑자기 쏟아지는 소나기 고스란히
다 맞고 바라본 누이의 베옷. 새삼스레 솟아 보이는 누이의
가슴 언저리. 숨막히는 오빠는 누이에게 먼저 집에 가라 하고
집에 간 누이는 저녁 짓고 해어스름에도 아직 돌아오지 않는
오빠를 찾아 나섰다. 덤불숲 헤매다 반달이 지고 점점점 검
게 소리쳐 흐르는 강물, 그 곁에 누워, 오빠는 죽어 있었다.
자신의 남근을 돌로 찍은 채.
　　하여 흐르는 강물에 눈물 씻으며 누이가 뇌었다는 말, "차
라리 달래나 보지, 달래나 보지 그래……"

임시 정부

시가 한갓 되풀이 아니고
시로 뚫은 어느 길을 걷는 것이라 믿으며
몇 달이고 절벽 앞에 막막히 섰을 때
현몽으로 만나는 길
좌우로 철조망 가로수 울창하고
결국 바다에 이른다는 길을 걷는다.
끝없이 걸어만 간다, 그러나
언제고 지뢰를 밟아 중도에 박살나는 꿈은
다시 절벽 앞에 무참히 서게 하지만
아나키스트는 아니기에 또 묻는다.
해방으로도 돌아올 수 없어 죽은 임시 정부는
좌절되는 혁명으로 거듭 죽은 임시 정부의 혼은
누구의 몸으로 소생할 것인가를.

비둘기와 빈대
──바울 학사에서

하늘로 열린 곳이 있었던지 천정에 비둘기가 들어와 살았다. 남비를 씻다 버린 밥티를 쪼던 그녀는 가끔 내게 눈실을 주었는데 분명 앳되고 상냥한 아가씨였다.

방바닥에 누워 부질없이 그녀의 내력을 생각하니 사직 공원의 무수한 비둘기떼가 시야에 가득하고 한 쌍 처녀새와 총각새가 막 율곡 선생 동상의 엄숙한 도포자락 앞에서 부리를 맞댄다. 그리고 느티나무 가지마다 잎새마다 선회하는 그들을 끝내 놓치지 않았더니 신사임당의 적삼 속에서 세상의 가장 은밀한 장면을 보았다.

나는 우연히 동거하게 된 이 아가씨가 그들의 따님이라고 믿었다. 괜히 가슴이 설레고 몸을 뒤채었다. 그때 돌연 허벅지가 따끔했는데, 극성인 빈대가 문 모양이고, 아무리 약을 쳐도 없어지지 않았으니 그 놈은 아마 천정으로 도망갔을 터였다. 밤마다 내려왔다 올라가는 빈대, 아뭏든 그녀와는 이렇게 피를 섞었다.

그 후 여름이 되어 비가 새고 천정 모퉁이가 내려앉더니 비눌기알이 날러 떨어졌다.

옻 나 무

    침침한 전구, 불을 켜고 방은 밤이 깊도록 흔들리었다. 가
끔 기혈이 솟구쳐 불빛에 스파크 되어 방은 더욱 심하게 요
동하였다. 이 흔들림 속에 쓰르라미 소리로 다가오는 것은
무엇인가? 갑자기 봉창이 뚫리고 굵다란 뿌리가 뻗쳐들어
수많은 잔뿌리로 확산되더니 온몸을 휘감았다. 피부로 스미
는 무수한 실뿌리들, 실핏줄과 만나 들끓는 내 피를 빨아가
는구나. 미묘한 섬모 운동. 아득했다. ……그리고 차츰 정신
이 들었을 때 밝은 햇살 아래 뿌리의 종적은 묘연하고 전신
은 樹液으로 충만하였다.

    오늘은 세상에서 가장 붉은 옻나무를 찾아 도끼를 내리
리라.

장 마

비 내린다. 축축한 헛간에서 염소가 새끼를 낳는다. 빗방울 튀는 소리 거칠게 염소의 콧김 속에 스비고 마침내 모메 물이 쏟아져 낳은 새끼 세 마리. 염소의 젖통이 퉁퉁해진다. 새끼들이 젖꼭지를 빤다. 그렇지만 젖은 나오지 않는다. 젖통은 부어 오르고 새끼들은 굶어 죽는다. 구멍도 없는 젖꼭지라니! 비는 내리고 수술을 하기엔 배꼽이 배보다 크다.

가   투

　　콩꽃 떨기마다 이상한 나방이 射精을 하고 다녔다. 그때
나는 국어 선생이었다. 깊이 사랑했던 이념의 말이 교과서 구
석에 쓰여 있었다. 지면을 응시하자 낱말은 괴성을 지르며
교실을 울리고 멀리 운동장 미류나무 이파리에 머물었다. 구
름은 정말 한가롭게 지나가고 학생들의 한 떼는 교련 시간이
었다. 엎드려 쏴! 찔러, 길게 찔러. 이파리는 사살되어 무
참히 찢기우고, 고개를 돌렸을 때 교과서의 활자는 뻔뻔하게
그대로 박힌 채였다. 그 해 농부들이 수확한 콩은, 껍질은
탱탱하고 의연했지만 모두 가투였다. 나는 가투의 의미를 가
르칠 뿐이었다.

누에 이야기

누에의 잠은 언제 시작되었는지 모른다
고개를 들고 정지한 모습을 느낄 뿐이다
몇 달이고 계속되던 잠에서 깨는 날
다만 깨어 있으려는 노력으로 꿈틀대지만
곧잘 다시 잠에 취하기 마련
그러나 깨어 있는 지혜를 깨친 누에는
계속 입을 놀려 이야기의 실을 뽑아낸다
이야기는 이야기끼리 스르르 엉켜 집을 짓고
과연 희한한 집짓기를 마쳤을 때
자신은 어느새 집 속에 갇혀 있다.

II

불 태 산

오르자면 한없이 목마른
가파른 바위산

총소리 대포소리로 떠오르는
멀리서도 포자국이 선명한
탱크 부대가 전쟁을 연습하는 산

화약 냄새에 취한 뱀들이
코가 비틀린 채 또와리틀고
파편이 심줄에 박힌 소나무 등걸에는
미치게 가려운
독버섯만 피어나는 산

산자락에 흩어져 엎드린
나라의 배추뿌리 같은 농투사니들
아무도 죽어 묻히려 않는,
고향의 산.

꽃 바 위

　쨍쨍한 조약돌 시내가 伏流하다 샘솟는 곳, 벼랑으로 서 있는 바위. 이 집터가 발복한 부자의 첩, 김선녀라는 계집이 하루는 바위에 걸터앉아 바느질을 하고 있었다. 허벅지 사타구니를 허옇게 드러내놓은 채. 그때 이사랑이라는 놈팽이가 바위 그늘로 스며들어 계집을 후리느라고 도끼로 바위 아랫도리를 맹렬히 찍어들어갔다. ……돌연한 충격으로 계집은 떨어져 죽고 부서져 나간 바위조각, 아울러 시름시름 財貨도 사라져 다시 부자가 나지 않는다고 믿어 온 마을의 이름, 꽃 바위.

까 마 귀

쌓인 댓잎 위에서 주워든 새털
공중에 띄워 입김으로 불어올리기
홀연히 일어난 회오리 바람
바람 속에서 솟구친 까마귀 몇 마리

까마귀들이 원무를 추다 사라진 하늘에서 눈이 내렸다. 언
땅을 디딘 발등으로 내린 눈은 발자국이 되어 뒤에 남았다.
밭머리 수숫대들은 모갱이 잘린 채 섰고 수숫대로 비껴 본
구석방에서 어머니는 자꾸 허리 아팠다. 구들이 타도록 관솔
불을 지펴야지, 벌겋게 달아오른 솔방울을 생각하며 건너간
들판의 한쪽에서는 수십 마리의 까마귀가 떼죽음했다.

쌓인 눈 위에 흩어진 독약.

둠   벙

가래 부들 개구리밥 뿌리 밑
미꾸라지 울음 소리

한여름 땡볕에 농약을 뿌리다니, 쓰러진 장정은 다시 돌아
오지 않고 울화병이 든 그의 아내가 발길로 찬 농약병은 둠
벙에 잠겨 들었다.

수렁에 박힌 병은 씻기고 씻기고 오가는 송사리떼 입맞추
고 미꾸라지 한 마리 들어가 살게 되었다.

벼꽃이 피어 그 그늘 밑 나들이 나왔을 때 돌연 풍기는 멸
구약 냄새에 소스라친 미꾸라지, 병 속에 돌아가 앓아누워
우는 소리

가래 부들 개구리밥 뿌리 밑
미꾸라지 울음 소리.

숫   돌

　　새벽 햇살에 번뜩이는 낫날을 세울 때 구정물에 몸을 적시며 숫돌은 닳아진다. 아침을 먹기 전 한 망태의 풀로 무디어진 낫은 다시 갈리어 보리를 베거나 솔가지를 치기도 한다. 날이 갈수록 닳아지는 숫돌의 몸은 몇 해쯤이면 거뜬히 없어지고 다른 숫돌이 와서 꽂힌다. 과연 숫돌을 몇 개나 닳아 없앤 것일까? 밀주를 만들다 들킨 외에는 일생이 농사꾼인 아버지는, 이젠 허리뼈가 닳아 삐걱인다는 진단의 어머니를 데리고.

은행나무

숙이와의 결혼을 생각할 때 꼭 끼어드는……노오란 이파리는 손바닥에 모였다가 아득히 흩어지고 어릴 적 아버지가 등짐지고 대패질하며 지었던 흙담집 마당에 자라던 은행나무. 매양 숨바꼭질의 중심이었는데……거기를 떠나서 안경의 돗수가 점점 높아지던 학창 시절, 집으로 편지가 도저히 쓰여지지 않게 되던 어느 날, 확인해 보니, 나무는 이미 장사치에게 팔려 뿌리째 떠나가고 없었다. 팔다리 잘린 채 지금 어느 거리 어떤 번지에서 뿌리내리려 할까?……단칸 셋방 구해볼 궁리하며 찾아 나선다.

꿀벌 기행

장래에 대한 기약과 정직이 자꾸 비틀려 꼬이면서 아들은 도시에서 경제학을 전공하고 아비는 벌통을 끌며 밤꽃 아카시아꽃을 순례한다. 어느 날 벌떼의 비행이 길을 잃고 멀리 헤매다니다가 도시의 미궁 속으로 빠져 들었다. 수많은 불빛이 명멸하거나 질주하는 사이를 수만 마리의 벌떼는 흐트러지지 않고 어느 윤택한 집안의 정원수에 뭉쳐 내렸다. 그들이 자리를 옮길 때마다 가지는 무릎까지 뿌리까지 휘어지더니 다음날 아침 정원은 우아와 균제가 용틀임하는 나무로 그득하였다. 한편 기진한 벌떼는 화분 속으로 우수수 떨어져 죽고 그날 밤 아들은 어떤 낯선 사내에게 담배불을 빌려주었는데 그의 꺼칠한 볼따구니와 옆구리에서는 계속 연기가 새어 나갔다.

대 바 구 니

마당에 가마니를 깔고 앉은 사내가 대를 쪼개며 집 안에 흩어 놓은 땀내를 아내는 방안에서 바구니를 짜며 모은다. 자신의 작은 바램도 곁들여 담아 놓는다. 그리고 그 바구니는 담양장에서 장사 떠나는 다른 아낙에게 넘어가 기차를 타고, 여인숙에서 며칠 합숙하는 사이 그 아낙의 아들 공납금 걱정까지 담겨 지금 서울의 고층 아파트 입구에서 팔려 가길 기다린다. 드디어 한 양장의 부인이 나타나 새로운 주인이 되고 바구니를 집어 올린 순간, 모든 땀내와 바램과 걱정은 엎질러지고 부인은 빈 바구니를 들고 사라진다. 이제 바구니에는 무엇이 담길까? 부인의 딸이 두들기는 피아노의 음표들로 찰까? 카세트가 토해내는 팝송의 외국어로 찰까?

전우치의 황금대들보

옛날 어느 극심한 보리 흉년 쌀 흉년에 전우치는 구름을 타고 세상 임금들의 처소에 야간 돌입해 옥황상제의 궁궐을 짓는다고 속여서 금대들보 금서까래를 거두어갔다. 그래 백성들을 구휼하는 데 서까래를 쓰고 대들보는 남아 내 고향 들판에 묻어 두었다고 전하는데 가을 벌판이 온통 황금빛으로 출렁일 때면 정말 믿고 싶던 이야기였다.

하지만 이런 이야기는 개울이나 두엄자리에 던져두고 동무들 모두 들을 떠났다. 이발사 운전수 자개공 면서기 외판원이 되어. 유일하게 남아 있던 김오중이는 땅마지기에 과수원까지 착실한 그래도 부농이었지만 마땅한 색시가 없어서 시무룩했다. 마침내 농약 먹고 뒷산에 묻혔는데, 오랜 만에 귀향한 내가 캄캄 무소식인 채 그의 집을 들렀더니, 애써 결혼한 신부의 가슴에서 젖이 물큰 솟아 나왔다 한다.

낡은 집

　귀향이라는 말을 매우 어설퍼하며 마당에 들어서니 다리를
저는 오리 한 마리 유난히 허둥대며 두엄자리로 도망간다.
나의 부모인 농부 내외와 그들의 딸이 사는 슬레트 흙담집,
겨울 해어름의 집안엔 아무도 없고 방바닥은 선뜩한 냉돌이
다. 여덟 자 방구석엔 고구마 뒤주가 여전하며 벽에 메주가
매달려 서로 박치기한다. 허리 굽은 어머니는 냇가 빨래터
에서 오셔서 콩깍지로 군불을 피우고 동생은 면에 있는 중학
교에서 돌아와 반가와한다. 닭똥으로 비료를 만드는 공장에
나가 일당 서울 광주간 차비 정도를 버는 아버지는 한참 어
두워서야 귀가해 장남의 절을 받고, 가을에 이웃의 터밭에
나갔다 팔매질당한 다리 병신 오리를 잡는다.

수 국 댁

　내 나이 네 살 때 쌀 한 말을 갖고 분가한 일가족이 셋방살이를 시작한 곳은 수국댁집이었다. 유난히 높았던 문턱 때문에 애먹었던 기억이 지금도 생생하지만 신작로가에 있었던 그 집은 이제 사라지고 없다.

　초가집을 없애자는 노래가 이장집에 설치된 확성기에서 울려 퍼지며 슬레트 지붕을 강요하던 당시, 우선 그 집의 서까래나 대들보는 슬레트를 얹을 만한 사정이 못 되었다. 그래서 아예 헐어 없애고 수국댁은 셋방으로 옮겨갔지만 그것은 별로 불행이 아니었다. 평생 몸담았던 집에서 일찍 눈감은 영감은 오히려 지극한 행운이었다. 아버지가 죽자 농사 팽개치고 논밭 팔아 서울로 간 아들 내외의 일은 섭섭한 정도에서 그쳤었다. 기반만 잡으면 곧 모시겠다는 말이 다급할 정도로 늙은 것도 아니었다. 그러나 불행은 갑자기 완벽하게 다가왔다. 당면 배달 나가던 아들의 오토바이가 바람처럼 달려서 트럭과 정면 충돌한 소식이 폭풍이 되어 수국댁을 땅바닥에 눕혔다. 얼마 후 며느리는 딸 하나를 떠맡기고 개가하였다.

　이제 수국댁의 집터엔 감나무만 남아 골붉은 열매로 내 눈시울을 뜨겁게 하고 그래도 그녀는 유일한 살붙이인 손녀와 함께 살아가야 하므로 죽제품 장사를 다닌다 한다.

누 님

너무 똑똑한 양반이라 벌이도 없는, 남편 모시고
정순이 누나, 수의를 지어 생계 꾸리니
윤달이면 준비성 많은 노인들의 주문이 쇄도해 바쁘고
그 틈에 큰어머니 수의도 미리 지어 두고

간경화증 남편 청춘에 이별한
정님이 누나, 한복 바느질과 하숙으로 삼남매 기르고
중등학교 시절 의지할 곳 없던 나는
거기에 살며 더러 친구들도 데려다 하숙시키고

시집간 지 일 년 만에 잉태한 채 죽은
정희 누나, 큰어머니 잦은 눈물의 샘이 되고
그 뒤 매형은 주유소를 차려 돈벌이 제일 잘하고
새로 색시 얻었지만 아직도 사위 노릇 지극하고

육이오 전쟁통에 종두를 못 맞아 곰보가 된
정옥이 누나, 4H니 전화 교환원이니 안간힘이다가
사귄 청년 운전 면허 따게 해 사고 몇 번 치르고
이제 숙련된 그는 영업용 택시를 몰아 家長 구실하고

대학의 과사무실에서 만난 선배 은숙이 누나는
자취하는 내 쌀 걱정, 추운 옷 걱정 도맡더니
지금 아내가 되어 있다.

고 재 국

　유난히 뚝심 세었던 동갑내기 고종사촌 고재국은 중학교 중퇴의 학력으로 상경해 쟉크 염색 기술을 배웠다. 지독한 염료 냄새에 콧구멍은 진즉 마비되고 늘 골머리까지 멍하더니 상경한 지 삼 년 만에 한 모금 피를 토하고 고향으로 내려왔다. 내려와서 굼벵이로 술을 담거 먹었다. 초겨울 마람 엮어 지붕 갈 때 썩은새 속에 굼실거리는 살진 굼벵이로. 매미의 유충이 굼벵이라던가. 농사일 뒷전에서 거들며 지내가 일 년 만에 매미 소리처럼 가슴이 시원해진 그는 다시 상경하였고 굼벵이술을 계속 먹으며 십여 년 고생해서 모은 돈으로 쟉크 염색 공장을 차렸다. 비록 동업이지만 바야흐로 찌든 얼굴 펴지고 내 선생 월급을 묻고는 미소짓는 게 참 다행이다 싶었는데 아 그는 요즘 미칠 지경이란다. 아니 미쳐서 돌아다닌단다. 예비군 훈련간 사이 공장 들어먹고 잠적한 동업자를 찾으러.

III

정 여 립

　천하에 어찌 일정한 주인이 있으랴. 지당한 말을 너무 일찍 한 탓에 정여립은 살해되고, 더불어 천여 명이 죽고 다치면서 당쟁은 불 붙고…… 이제 사람들은 다 잊어버린 사건이 되었지만 그의 이름은 금산의 모악산 골짜기, 파뿌리 할머니의 입을 통해 억센 장사로 되살아난다. 힘차게 바위를 굴려 성을 쌓는다. 누이는 삼씨를 뿌려 어느새 천 벌의 옷을 다 지어가고 그들의 어미는 뜨거운 팥죽으로 딸을 유혹한다. 어미의 뜻을 짐작한 누이는 부러 내기에 져서 죽고…… 할머니는 마치 오누이의 어머니인 양 한숨을 쉰다. 목숨내기가 어찌 그리 장난 같을까. 한숨은 저녁 어둠에 스며 자욱히 퍼지고 정여립이 정말 모반했을까 의심하는 오늘날, 실상 그가 진짜 반역자였으면 싶다.

한 성 대

美製 지프가 들이닥치던 날 마을은 텅 비고 뒷산 골짜기 솔잎은 숨죽인 사람들이 간간히 토해내는 한숨으로 경련하였다. 마을에서 맨 먼저 붉은 완장을 두르고 죽창의 날을 세우던 한성대, 주민을 독려해 며칠 산에서 지내다가 또한 맨 먼저 마을로 돌아오고 그의 손끝이 가리키는 솔밭마다 산불이 일어났다. 그러던 어느 날 蘇製 군화는 빈사 상태로 그의 얼굴을 짓이겨 놓고 먼 길 떠났다. 그때 그의 부상은 앉은뱅이까지 완치되었고 사람들의 증오가 망각으로 무디어진 몇 해 후 언제부터 슬며시 걸어다니게 되었다. 오늘 밤 주막에서 마주친 그의 주정은 길가 미류나무 가지를 매우 혼들어댄다.

춘열 양반전

미쳤어도 그른 말 해 본 적 없는 이라고 동네 사람들은 말했다. 가시 하비에 쪼들린 춘열댁이 당신의 뜻과는 관세 없이 논을 떼어 판 뒤 봄마다 거기에 못자리를 하겠다는 시비가 계속되었다. 춘열댁이 뒤주에서 몰래 쌀을 퍼내서라도 수리세는 어차피 내어야만 하는 것인데 저수지물은 기어이 대지 않는 주의였다. 비료도 농약도 쓰지 않았다. 이장이나 면직원을 절대로 믿지 않았다. 가을이면 볏단을 집으로 옮기는 일 없이 들에서 타작하고, 지푸라기는 어차피 퇴비 만들 것, 논 가운데 수북이 쌓아 두었다. 대보름 밤 그 짚더미에 불을 놓으면 아이들 축제의 절정 그대로였다. 당신은 그걸 태우지 못하게 아들까지 동원해 지켰지만 어떻게든 우리는 불을 지르고야 말았다. 아, 생각하면 죄스러운 일이지만, 당신의 광증이, 마을 청장년 집단으로 요절난 인공 직후부터라는 사실을 안 것은 아주 먼 훗날이었다.

두 꺼 비

　오누이만 산다는 외따른 시내 건너 오막살이엔 도깨비가 나온다고 아이들이 두려워했다. 밤에 변소 가기도 겁을 내던 나는 더욱 두려워했다. 어느날 불알동무 김막동이가 박하잎을 가져와서 자랑이 한창이었다. 나는 어디서 뜯었냐며 그의 코를 눌렀다. 도깨비집이었다. 막동이를 앞세우고 시냇가에서 개구리를 잡으며 한참을 망설였다. 마침내 조약돌로 두려움을 눌러 죽이고 집 안에 들어서서 마주친 여자는 박하보다 짜릿한, 학교 선생님보다 몇 배나 예쁜 처녀였다. 이후 나는 그 집에 혼자 살며시 드나들었지만 그녀는 슬프게 웃을 뿐 손 한번 잡아 주지 않았다. 그러던 어느날 그녀는 두꺼비처럼 생긴 막동이의 형에게 시집을 갔다. 아비는 산사람 되어 가고 어미는 난리통에 죽었다는 도깨비집 처녀가 두꺼비에게 시집을 갔다.

놀 부 전

아니 볼 수 없다. 오장 칠보를
논두렁에 구멍뚫기, 패는 곡식 이삭 자르기
말리는 놈 밀어놓고 발꿈치로 탕탕 차기
결국 아무것도 보이지 않는다.

흥부의 박은 다시 열리지 않는다
놀부의 성질이 고쳐진 것도 아니다
흥부 재산 가로채 부자가 되고 나자
왈짜패는 새삼 몰려들어 충성을 맹세하고
그가 탄 마지막 박에서 나온 개똥은
나라 곳곳에 즐비하다.

흥부야, 곤장 품팔이 가는 흥부야
네 눈동자 속에 나타나 보인다
잔디밭에서 무참히 끌려간 친구의 얼굴이

내   시

  친구 보고 싶어 연극 구경 갔더니 배우가 내시역 하는 것
아니고 내시가 배우 노릇 하는구나. 무대 정면에 얼빠진 공민
의 왕이 용상에 앉았는데 그들은 특별히 무대 위에서 방관하
는 배우였다. 회색옷 내시가 친구를 끌고 등장했다. 검정옷
내시는 관객을 담당했다. 친구는 평상복에 넥타이 맨 배우의
포로였다. 그는 개사슬로 친구를 이리저리 끌고 다니며 얼굴
에 붉은 페인트칠을 해댔다. 친구는 안간힘이었으되 어차피
그 놈의 붓을 벗어날 순 없었다. 평상복의 배우가 옷을 벗으
니 회색 옷이 되었다. 회색 옷을 또 벗으니 검정 옷이 되었
다. 이 연극은 물론 신돈에게 바쳐져 몇 달을 끌었고 결국
친구는 징역 칠 년을 선고받았다.

장 화 홍 련

눈동자 속에 가득한 꽃
그 중 薔花紅蓮을 읽는다

부러진 가로수 가지에서 안개가 피어나고 무진의 거리를
장화가 걷는다. 몇 군데 가게를 들러 미래의 아기옷을 사들
고 문을 여는 순간 비칠 쓰러졌다. 홍련은 마구 뛰었다. 어
느 낯선 민가의 문을 밀치고 들어섰다. 기다리던 장쇠는 이
미 칼을 거두었다. 안개가 덮여 왔다. 자욱히 숨막히게 그녀
의 치마가 바람에 날려다녔다.

교외의 쓰레기 처리장에서는
장미가, 연못에서는
연꽃이 썩는다
내 눈동자도 썩어들어간다.

망 월 동

아버지는 대를 뜨고 어머니는 바구니를 짜는 집을 나서서
멀리 지평선을 베고 누운 산을 향해 걷는다. 며칠째 얼었다
녹았다 하는 눈 사이로 보리가 푸르른 잎을 내민다. 하늘에는
수백 마리 까마귀떼가 바람을 타며 날으고 한 줄기 삭풍이 머
리칼을 헤치고는 달아난다. 길은 구불구불 영산강에 이르고,
물의 깊이를 가늠하려 다니다가 풀섶으로 가린 웅덩이에 발
이 빠진다. 내친 걸음에 무릎까지 걷고 건너다가 허벅지까지
흠씬 젖는다. 축축한 내의와 바지로 수곡 부락에 이르고 가게
에서 소주와 잔을 챙겨들고 산길을 오르면 마침내 다다른다.
도저히 위로할 수 없는 영혼 수백이 잠자는 곳, 추도라는 말
은 더우기 꺼낼 수도 없는 곳. 다만 발걸음으로밖에는 유대
를 확인할 수 없어, 안타까움으로 넘치는 술을 따른다.

기 종 도

동학혁명 때 가족을 못 찾은 주검은 얼마나 될까. 살아 도망간 농군은 화전이나 일구며 숨었다가 다시 의병의 주력이 되었다지만 그때 시체 가족 찾는 일을 떠맡은 의인은 없었을까. 연못 바닥이나 흙구덩이에 혹은 하수구에 숨어버린 사람을 찾아 횃불 밝혀 나선 사람은 없었을까. 기종도여, 그가 바로 기억될 이름이다. 이십 년을 야당 지방 당원으로 한사코 자갈길을 걷다가 그가 오월에 주동한 일은 바로 그것이다. 그리고 행동했던 사람이 행동하는 스스로의 입을 어찌 막을 것인가. 또한 어찌 입으로만 말하고 죽어 지낼 것인가. 하지만 지칠 줄 모르는 입과 행동은 그를 감옥으로 안내했고, 작은 체구에 더없이 충만했던 힘도 이제 숨결과 함께 사라졌다. 감옥에서 이미 검은 몸, 병원으로 옮겨진 지 며칠 만에 자취 없이 사라졌다. ……그러나 또한 그는, 자못 흐려지는 우리 마음의 횃불에 기름을 끼얹으며 엄연히 살아 있기도 하다.

관 동 리

하루에 세 번 왕래하는 관동리행 버스를 타고 광주를 출발
하였다. 옆자리에 앉은 중학생이 일행이었다. 양복쟁이들은
장성읍에서 다 내리고 사투리가 손매듭처럼 투박한 촌놈들로
붐비자 차는 대뜸 자갈길로 접어들어 마구 튀어올랐다. 버스
에서 내려 앙상하게 마른 줄기만 서 있는 고추밭을 지나 산
에 오르니 아직 잔디가 뿌리내리지 못한 무덤이 소나무 그루
터기 사이에 있었다. 망월동에 묻어달라는 마지막 소망까지
외면당한 기종도가 주인이었다. 함께 온 장남이 절을 하는데
아무 말도 못 하는 그는, 이제 세상일 어쩔 수 없고 이승에
남긴 삼남 일녀와 파출부를 나가는 아내에 대한 걱정으로 잠
못 이룰 것이다. 하산하여 그가 자라났던 집을 들러 아흔 세
살 그의 부친을 뵈었다. 시렁에는 이십여 년 전부터 마련해
둔 관이 얹혀 있고, 오래 살아 분명 불행한 노인은 수연산 기
슭 할멈의 무덤을 향해 자꾸 욕을 퍼부었다. 왜 빨리 데려가
지 않느냐고.

고 라 니

휴전선 비무장 지대 잡목 숲에서 고라니 한 쌍이 살았다. 어느 진달래 꽃망울 터지던 날 둘이는 정답게 산보하다가 발밑이 꺼지는 폭음을 듣고 소스라쳐 달리니 암컷은 산줄기를 북으로 타서 금강산에 이르고 수컷은 남으로 치달아 설악산에 다다랐다. 겨우 정신을 수습하여 생각하니 도무지 영문 모르겠고 아뭏든 보금자리로 몇 날 며칠 걸려 돌아가는데, 수컷은 철조망을 뛰어 넘다 총에 맞아 안주감이 되고 암컷 홀로 간신히 돌아와 기다리고 기다려도 소식 없었다. 마침내 짝을 찾으려 태백 산맥을 타고 내려와서, 헤매고 헤매기 몇 년 만에 더 갈 수 없는 곳에서 하늘로 치솟는 불길을 보았다. 도대체 뭣 때문인지 알 수 없었지만 실은 미문화원이 타고 있었다.

소

　육이오 삼십 삼 주년에 이산 가족 찾는 벽보 수만 장이, 방송국 벽에 층계에 나무에 얼기설기 붙었던 것을 누구나 기억하리라. 그 중 〈의정부 오목이에서 살 때 문영이가 소를 몰고 나간 것을, 기다리던 동생 문성이가 데리러 가서 모두 돌아오지 않았다〉는 벽보를 보는 순간, 고향 마을 철햇양반의 이야기가 아찔하게 떠올라 떨쳐 버릴 수 없었다. 인공 직후 동네 청장년이 집합됐는데, 군경 가족도 혈족도 아닌 그는 끝까지 불길한 쪽에 서 있었다. 최후로 소잡을 줄 아는 놈을 부르기에 무조건 안다고 뛰쳐나가 간신히 목숨을 건졌다고 했다. 당시 그가 엉터리 도끼질로 죽였다는 황소, 그 주인은 그때 어찌 되었을까? 경우야 어떻든 의정부의 문영 문성 형제는 과연 어찌 되었을까?

박 쥐

눈을 감으니 문득 시꺼멓게 입 벌리는 동굴. 고향 뒷산 오리나무 숲의 동굴. 어린 날처럼 나는 그 속으로 잠입한다. 밤눈이 뜨일 때까지 십여 발자국을 걷고 보면, 벽에 다닥다닥 붙어 있는 박쥐의 떼. 한 소리 크게 지르니 자욱히 어지럽게 날으는구나. 박쥐여 박쥐의 떼여, 너희는 과연 무슨 곡절로 생겨났느냐. 태평양 전쟁 말기에 뚫어놓은 이 방공호에서 너희는 지극한 역설이다. 세월이여 눈 쓰린 세월이여, 시대가 바뀌니 박쥐가 새끼치는가 박쥐가 새끼쳐서 시대가 바뀌는가. 떼는 날이 갈수록 불어 사십 년이 지나고 오늘밤 그중 한 마리 동굴을 빠져나가 유난히 날아오른다. 동네 하늘을 맴돌다가 치솟다가 곤두박질쳐 마침내 큰집의 사립으로 스며든다. 육이오 때 행방불명된 큰아버지의 제삿날에, 두루마기자락 스치는 소리 들리고.

IV

박정길 양

　밤중에 잠이 깼는데 머리가 찢어질 듯해 방바닥을 몇 바퀴 굴렀는지 몰라요. 엄마와 하나님이 부르는 소리가 들려 손을 내밀다, 우연히 부엌문이 열려 가스 중독에서 살아났어요. 이렇게 간증한 박양은 감사의 표시로 교회에 종을 기증했다.

　가난한 농사꾼의 팔남매에서 일곱째인 그녀는, 라디오로 고등학교 마치고 야간 대학에 다니던 그녀는, 자수기 한 대에 생계를 걸며 혼자 월세방을 옮겨다니던 그녀는, 다시 찾아온 중독 사고로 세상 떠났다. 더불어 유치원 선생이 되려는 작은 희망도 이승에서 사라졌다. 그녀가 이불에 수 놓은 수천 쌍의 학, 그 날개 아래 잠든 사람들 단꿈 꾸는 봄밤에.

김용오 씨

  내가 근무하는 학교는 아파트 단지 안에 있는데 김용오 씨
는 아파트와 학교를 단골로 구두닦기와 구두 수선을 했다.
고향은 충남 공주인데 거기에 유년기를 보냈던 고아원이 있다
고 했다. 열 세 살 때 고아원을 뛰쳐나와 구두닦기 십 이 년
째 장래 소망은 제화점을 차리는 것이다. 그리하여 부지런히
열심히 구두를 닦았다. 하루에 보통 오십 켤레씩. 전남 해남
에서 올라와 양장점에서 일하는 아가씨를 꼬였다는 그의 어린
아내는 늘상 아이를 업고 교무실에 들어와 구두를 받아갔다.
그들의 아이가 자라듯이 그들의 저축도 부쩍부쩍 늘어서, 드
디어 소원 성취하는 모습 가까이서 보려고 나는 잔뜩 기다렸
다. 그러나 갑자기 생선 궤짝을 나르던 그의 형의 오토바이
가 사람을 치이자 닦아놓은 일터를 팔아넘겨 그 자리값을 형
수에게 건네고 다른 일터를 찾아 떠났다.

전 쟁 놀 이

　국사봉엔 늘 상도동 봉천동 신림동의 아이들이 몰려다니며 논다. 어른들도 달려와 역기를 들고 평행봉에 오른다. 사자암 약수터를 찾는 노인네의 발길도 끊이지 않는다. 자못 부지런한 한 시민의 일생이 여기저기 눈부시게 펼쳐지는 것이다. 오리나무 아카시아 백양 도토리나무 등속이 무리를 이루거나 혹은 섞여서 적자 생존이요 인공 도태다. 어깨를 부딪히며 들어앉은 집 사이로 수많은 교회들이 십자가를 높이 달려고 안달이다. 가까이 공사 연병장이 보이고 청소년들은 사관학교에 진학해서 정치를 하겠다고 벼른다. 그러나 열 살 아이 박근중의 죽음은 너무 사소해 모른다. 전쟁놀이하다 포로로 잡혀 구두끈으로 목졸린 사고의 의미에 대하여는. 잊어버린다, 전쟁이 어떻게 놀이가 되며 한반도에서 전쟁을 왜 하는지에 관하여는.

우렁 색시

나의 선조는 최치원이 아니고
차라리 우렁이라 할까
끊임없이 생수 솟구치는 둠벙
둠벙에 깊이 잠겨 사는
주먹만한 우렁이라 할까

세상에서 가장 순박하고 억센
총각이 짓는 논을 골라
풍년 나락이 넘실대는 논고랑을 기어나와
〈이 농사 거두어 누구랑 먹고 살지〉 하는
총각의 혼잣말에 응수한
목소리 해맑은 우렁이라고나 할까
총각이 주머니에 넣어다가
부엌 물동이에 담가 두었더니
살며시 밥 짓고 바느질한
우렁에서 나온 색시라 할까.

어느날 들에 밥고리 이고 나갔다가
너무 예쁜 죄로 원님에게 들켜
우렁 색시는 원님의 첩이 되었지만

이미 농사꾼의 씨를 받아 아이를 낳으니
그 아이가 나의 선조라 할까

내 시 또한 최치원에게서
혹은 그를 추종한 천 년 문학 전통에서
별로 배운 바 없으니
내 시의 뿌리도 차라리 우렁 색시라 할까
언제부터인지는 알 수 없지만
입에서 입으로 끈덕지게 전해 내려와
어린 날 누님의 목소리로 내 귀에까지 들어온
우렁 색시 이야기 같은 것이라 할까

옥 녀 봉

광주 변두리 옥녀봉 산정에는
옥녀의 베틀에 이끼가 푸르고
이리저리 찍힌 아기 장사 발자국에
빗물이 고여 넘친다.
옥녀봉은 비에 젖어 피 흘린다
아기 장사 모자가 함께 피 흘린다

임진왜란으로 명나라 군대가 지나갈 때
아기 장사는 바위를 굴려 징검다리를 놓았고
그 힘에 탄복한 명나라 대장은
조선에 이미 태어난 영웅과
앞으로 태어날 영웅의 모태를
함께 죽였다 한다
그리하여 옥녀봉의 황토는 유난히 붉고
오늘은 비에 젖어 피 흘린다

영웅을 기다리던 시대는 지나가고
광주는 도시가 되고
옥녀봉 산자락에 벽돌 공장이 들어섰다
일제말 여기에서 황토를 반죽하고

이글이글 불꽃 속에 벽돌을 구우며
가명으로 숨죽이던
투철한 변증법주의자 박헌영은
기다리던 해방 맞이해 고작 십 년 만에
아기 장사의 운명 속으로 함몰하였다.

아 카 시 아

아카시아여, 어린 날 가위바위보로 잎따기하며 십 리 학교 길을 걸었던 향기로운 꽃나무여, 추억과는 무관한 내력을 말하자면, 이 땅에 네가 맨 처음 심겨진 곳은 용산 일본군 병영의 울타리였다. 그리고 아무 데나 뿌리내려 무섭게 자라는 너의 생명력이 부럽기는 하지만, 소나무나 잣나무를 죽이고 숲을 이루는 너의 번식력이 어떻든 부럽지만, 아카시아 사방 공사가 묘하게도 해방 전후로 일관된 정책이었음을 안다. 너무 타산적이라고 욕하겠지만, 꿀맛만 슬쩍 보여 주는 너는 우리 경제에 거의 쓸모 없는 나무라는 걸 안다. 노임을 우리가 정할 수 없으니 쌀값도 우리가 정하는 게 아닌 이 나라 경제에, 너의 악착스런 뿌리의 활착력을 우리는 다만 부러워할 건가 아니면 두려워할 건가 증오할 건가 어지러운, 향기로운 꽃나무 아카시아여.

불모 작업

　「국화 옆에서」나 「나그네」 등을 가르치다 보면 돌연 말을 잃고 누운 유리창을 향하게 된다. 한참 땀점을 피우며 들여다보는 유리에는 어린 날 물놀이하다 고무신짝 하나를 잃고 서 있는 내 모습이 나타난다. 그리고 고무신짝 하나만으로 학교를 하루 나갔으되 내내 신발은 한쪽뿐이었다는 느낌이 된다. 중등학교 시절에는 운동화였지만 내내 한쪽만 신었다는 느낌이 된다. 다시 고개를 돌려 바라보는 내 맑은 눈빛의 학생들도 모두 한쪽은 맨발이다. 그 모습으로 학교를 졸업하고 휴전선을 지키는 병사가 된다. 철책선에서 밤에는 보초를 서고 오전에 잠을 자고 오후에 불모 작업을 한다. 넓이 십 미터를 풀뿌리 하나 없이 파내는 작업 그게 동해에서 서해까지 이어지게 하는 작업. 그러다가 까마득한 군번이 언젠가 묻어 두었던 지뢰가 폭발한다. 외마디 소리 칠판 뒤에서 울려 온다.

어 등 산

황룡강에서 바라보면
우거진 야망나무와 소나무가 뿜어내는
아지랭이 미치게 황홀하지만
송정리에서 바라보면 이 산은
포병 학교에서 쏘아대는 대포 때문에
거의 죽어 가는 몰골이다

잉어가 용이 되어 오른다는 산
그런 신통한 묘자리를 찾아
곳곳에 무덤들 들어서고
그래도 아무런 반응이 없자
호남선 철도 공사 때 일본인들이
지맥을 끊었다는 핑계가 마련되었다
얼마나 답답한 우리의 운명인가
얼마나 처절한 패배주의인가

나주 평야에 말없이 엎드린 이 산은
일찌기 의병 대장 김태원이
일본도에 피를 묻힌 곳
호남에서 가장 출중했던

동학군 출신의 김태원이 쫓겨서 포위되어
여러 승리의 추억을 땅에 묻은 곳

그렇듯이 이 땅은 식민지가 되었고
또다시 시대가 바뀐 지금
적이 진정 누구인지도 모른 채 쏟아지는
눈 먼 포탄에 맞아
날마다 실신했다가 깨어난다
송정리에서 바라보는 어둥산은.

광화문 이순신

이순신의 생애와
동상을 세운 조각가의 삶은 다르다
조각가의 삶과 동상을 세우게 한
정치인의 삶은 다를 것이다

온갖 차량이 분주히 맴도는 거리에
낡은 무기 큰 칼을 짚고
침묵으로 서 있는
광화문 이순신이여
당신이 하는 일은 무엇인가
당신에게 맡겨진 일은
인간 이순신의 삶에 닿아 있는가
조각가의 예술에 닿아 있는가
아니면 정치인의 이념에 관계되는가

너무도 당당하여 오히려 서글픈
당신의 등 뒤에는 오색 단청
광화문이 굳게 완강히 닫혀 있고
정치는 그 안에서만 이루어지고
멀뚱멀뚱 쳐다보며 길을 가는

시민들 앞에서
당신은 무슨 낡은 이데올로기를 지키려고
네거리에 서 있는가
광화문 이순신이여.

참   새

가로수를 따라 걷는 귀가길
재잘거리는 새소리에 발을 멈춘다
유난히 무성한 플라타나스
칙칙한 이파리 사이로 참새떼가
가지를 퉁기듯이 옮겨다니며
잠자리를 고르고 있다.

플라타나스가지 사이로
전선이 지나가고 전화선이 지나가고
수많은 차량이 질주하는 거리에는
매연이 자욱한 황혼
차츰 불을 켜는 시내 버스의 차창에
귀가하는 서민들의 얼굴이 빽빽하다
나는 그들의 방구석을 들여다보듯이
플라타나스를 쳐다본다
그리고 오늘 저녁 참새들의 임시 잠자리가
지극히 정겹고, 참새라는 새가
황홀하게 아름다와 보이는 것이다.

어둠은 매연을 삼키고

질주하는 차소리가 새소리를 삼키니
이제 새들은 잠이 든 모양이다.

한강을 건너며

일과와 휴식, 일과와 약속 사이의
시내 버스 바퀴 밑에 깔아 보내는 시간에
수천 번 만나는 한강
잠들어 고개 처박은 상태가 아니라면
으레 이마가 써늘해진다
강물 위에 역사를 띄워 바라보는 버릇 때문이다.
회색으로 중독된 물은 묵묵히 흐르는데
드러난 강바닥은 한사코
우중충하게 얼룩진 풀을 길러낸다
실로 강물을 맑히는 일은
한국 현대사를 解毒하기만큼 어렵다고 생각한다
때로 폭우 쏟아져
다리 가까이 흙탕물 넘실대며 흐를 때
가두 행진의 뜨거운 노래 소리 듣는다
그렇지만 잠시 강이 깨끗해지기로
구백 만 인구의 하수구를 어찌할 것인가!
올 겨울은 강물이 제대로 얼지도 않는다
날씨가 덜 추운 것도 아닌데
허용된 안락과 행복을 착각하도록
강물이 얼지 않는 핵심 이유는

시민들의 깨끗한 의상을 위해 뿜어낸
비누거품 때문.

전 중 어 탕

볕들 날은 아예 없고 통풍도 안 되는 교장실 아래 지하 식
당에서 밥을 먹으며 문득 생각한다. 제주도에 있다는 뒷간 밑
의 돼지우리를. 짜장면 한 그릇 값의 초과 수당을 받느라고
무리한 목구멍에 꺼끌거리는 밥덩이를 밀어넣으며 똥덩이가
떨어지기를 기다리는 돼지의 코를 생각한다. 단결권, 단체 교
섭권, 단체 행동권이 법으로 거부된 동료 돼지들의 묵묵한 식
사를 바라보며 또한 생각한다. 어느 양반 가문에 전해 내려왔
다는 전중어탕이라는 요리를. 헛간의 서까래에 돼지 갈비를
줄줄이 걸어두고 썩히면 파리떼가 달라붙어 알을 까고, 갈비
를 먹고 살찐 구데기가 제 무게를 못 이겨 땅바닥에 떨어지면
대기하고 있던 암탉들이 쪼아먹고 그 닭들의 기름진 꼬리 부
분 미자살만을 콩잎사귀에 싸서 끓였다는 전중어탕이라는 요
리를, 그리고 그 기묘한 먹이 사슬의 끝에 오늘날 이 땅에서
어떤 자들이 주둥이를 들이대는지를 생각한다.

문 정 배

　방송제 때는 드럼을 쳤던 문군, 그를 나의 제자라고 말할 수 있을까. 일 년 동안 국어 수업을 했지만 시간 중에 팝송의 악보를 뒤적인다거나 마냥 한눈을 팔았다. 삼학년에 가서 자퇴를 했는데 검정고시 원서를 쓰느라고 학교에 증명서를 떼러 와서야 알았다.

　어디서 뭘 하느냐고 물었더니 미 팔군에서 악사 일을 한단다. 알고 보니 거기가 그룹 사운드 양성소란다. 삼 일에 한 번씩 무대가 배정되는데 부대 안에서 합숙하며 두세 달 피나는 연습과 공연을 되풀이하다 보면 국내 여러 나이트 클럽에 소개 된단다. 그런데 웬 검정고시냐고 물었더니 전문대라도 적을 두고 대학 가요제에 나가기 위해서란다. 여자도 한 명 끼어 여섯이 한 조인데 한 방에서 계속 먹고 자지만 악단이 깨질 우려 때문에 사고는 안 친단다. 전속 악단 여섯에 연습 악단 다섯이 현재 의정부에 있는 부대에서 밥을 먹는단다. 쇠고기 닭고기는 물론이고 갖가지 통조림도 푸짐하지만 밥은 꼭 챙겨 먹는단다.

　아, 그는 오히려 나의 선생이다. 이 땅의 유한 남녀들이 신나게 춤추는 밤무대를 주름잡는 곡조의 원천이 어떤 것인가를 문득 알려 준 그는, 온통 파마 머리를 하고 있었다.

쌀

　반찬이야 어떻든 삼인분에 커피 한 잔 값인 쌀로 허리띠를 조르긴 싫어 일반미 한 말을 이웃 쌀집에서 샀다. 그런데 하루 먹고 이틀을 썹어도 이건 분명 밥알이 따로 구르는 정부미였다. 밤에 사는 통에 자세히 살피지 못한 게 불찰이었다. 이미 축난 쌀을 물릴 수도 없고 쌀로 속여 먹는 게 어찌 그 쌀집뿐이랴 하는 생각에, 아니 해마다 벌어지는 쌀 사기 사건의 거대한 배후 조직이 생각나서 다시는 그 집에서 사지 않기로 맘 먹고 그냥 지나치고 말았다. 그렇지만 오가는 길에 그 쌀장사 아줌마가 자꾸 눈에 뜨이는 건 어쩔 수 없었다. 그러던 어느날 쌀집 근처를 지나는데 상고머리 하나가 꾸벅 인사를 했다. 요즘 수업에 들어가는 반 학생이었다. 집이 어디냐고 물으니 그 쌀집을 가리켰다.

수연산의 홍길동

　수연산 근처에 사는 사람들은 홍길동이 율도국을 건설했다고 생각하지 않는다. 그의 소원이 병조판서였다고 하면 그게 뭔 소리여 한다. 수연산에서 흘러내리는 물로 농사를 지어 먹고 사는 사람들에게 홍길동은 나라를 새로 세우려다 실패한 도적 두목이다. 산봉우리로 활을 쏘아 화살이 먼저 날으는가 말이 먼저 달리는가를 시험하던 그는 너무 늦다는 느낌에 말의 목을 쳤다. 그러고 나서 둘러보니 화살이 뒤따라와 바위에 박히더라는 것인데 아뭏든 그는 성급하여 일을 그르친 의적 두목이다. 그의 활터 말마당 자리라는 석수암은 기삼연이 의병 운동을 일으킨 곳이기도 해서 물어물어 찾아가니 산꼭대기 가까이 감나무 몇 그루 서 있는 아늑한 골짜기에 이르렀다. 절은 육이오 때 불타 없어지고 근래에 지었다는 웬 기도원이 들어서 있었는데 목탁 소리를 예상하던 나에게는 몹시 엉뚱한 광경이었다. 그러니까 자기의 산채가 절간이 되었다가 기도원으로 둔갑할 줄은 아무리 신출귀몰한 홍길동도 도무지 상상하지 못했을 것이다.

v

대 꽃 · 1
——손

　(손은 원시의 수풀을 지나 조개를 줍다가 흙으로 밥그릇을
구워내더니 삽자루 호밋자루와 농사, 농사중)

　어느날 담양 대밭에 칠 척 거대한 손이 낮잠을 자고 있었
다. 마을 사람들 모두 구경 나왔다가 어쩌된 셈인지 스르르
잠이 들었음에 깨어 일어나 보니 손은 간 데 없고 사람들은
그날부터 죽세공인이 되었다. 이런 사실은 당시의 이호예병
형공방 모두 모르는 일일뿐더러 이제 와서는 담양 죽세공인
들도 까맣게 잊어버린 일이다.
　하물며 손의 행방에 대하여는……

대 꽃·2
──전 봉 준

전봉준의 토담집 봉창의 한지가 바람에 울고 있었다. 이 울음은 조선 모든 초목의 이파리에서 공명하여 논밭에 잠든 손을 깨워 일으켰다. 콩밭 수수밭 고구마 넝쿨을 헤치고 손은 서릿발 선 논둑을 걸어 맨발로 봉준의 사립을 밀었다. (열린 문으로 수십 인의 농군이 뛰쳐 나갔다.) 손이 봉준의 헛간에서 두엄을 치고 여물을 써는 동안 농군들은 고부 관아를 점령했다. 넘실대는 만석봇물이 아니더라도 분노의 봇물은 터뜨려 동네동네를 뒤덮어 흘렀다. 이 물결을 이끌고 봉준은 부안, 정읍, 고창, 무장, 영광……

대 꽃 · 3
——황 룡 전 투

장성군 황룡면 장산리 까치골에는 최룡현이 지은 「증좌승지이공학승순의비」가 서 있다. 여기에 쓰였으되 정의에 죽는다는 말은 과연 무엇인가.

새싹이 돋는 논 가운데 염소 한 마리 말뚝을 맴돌다 멈추고 그 위의 밭에는 십여 년 된 뽕나무들이 뿌리째 뽑혀서 쌓여 있다. 논밭 사이에는 겨울에도 얼지 않는다는 둠벙이 여전한데 동학혁명 당시 수천 농민군의 목마름을 적셨다 한다. 민비가 보낸 홍계훈의 군대가 대포와 양총으로 진격해 올 때 까치골에 매복했던 농민군은 짚단으로 방패막이한 대닭장에 바퀴를 달아 굴리며 내달아 적을 격멸시켰다. 이때 죽은 적장이 이학승, 승전비 하나 없는 이곳, 수산 마을 뒷산 대나무들이 술렁이며 묻는다. 도대체 정의가 웬말이냐고.

대 꽃 · 4
——죽 순

동학 농민군이 북상하다 장성 부근에서 쉴 때 농군들은 대
밭에서 새 죽창을 다듬고 죽순도 꺾어 갔다. 이 죽순은 그날
저녁 식사 때 농군들의 목젖을 타고 넘어가 다음날은 전주성
을 향해 떠났고 당시 대밭에 남아 있던 죽순은 자라서 반 세
기 세월을 응어리져 갔다. 뿌리는 뿌리대로 한 마디씩 땅을
경작하며 호남선 철도, 레일에 찢긴 이파리를 달고.

마침내 이 대나무가 베어진 것은 육이오 동란 겨울, 한 병
사가 낫으로 날카로운 죽창을 다듬었으니.

대 꽃·5
──호박설

　어느때부터인지 호박은 상경하고 있었다. 한 뼘씩 한 뼘씩 넝쿨은 자라나서 언덕을 넘고 언덕 너머 호박꽃 한 송이 열매 맺어 언덕을 굴러내리다 깨져 썩고 다음 해 싹이 돋아 넝쿨 뻗어 뚝배기 장독을 넘어서 죽은 밤나무 등치를 기어 올라 꽃 피고 열매 맺어 다음해 봄에야 떨어져 썩고 다시 싹이 돋아 꽃 피고 열매 맺어 꽃 피고 열매 맺어…… 그러던 것이 장성 갈재를 넘으면서부터 구르기 시작하여 단숨에 전주성에 이르렀다. ……거기서 또 서울을 향해 떠났지만 논산 부근에서부터 그의 종적을 알 수 없다. 알 수가 없다. 호박꽃 꽃가루 바람에 흩날리며 금강 연변 찔레 가시덤불 속 벌떼들은 날지만.

대 꽃 · 6
——우금치에서

진터의 불빛 수십 리, 길마다 봉우리마다를 점령하면서 동학군은 공주로 진격해 갔다. 이윽고 우금치, 총포의 일본군은 輔國安民, 깃폭을 겨냥하였다. 예닐곱 날의 피 부른 공방전…… 이때 손은 산봉우리를 향하여 바위를 굴려 올리고 있었다. 자신의 분노보다도 운명보다도 더 무거운 그 바위를, 비틀리면서 미끌리면서 정강이뼈가 삐이면서. 마침내 이 바위가 산봉우리 가까이 아슬한 경사로 밀어 올려지고 있을 때 날아 온 총알 몇 발은 바위를 다시 골짜기로 굴려 버렸다. ……동학군은 남으로 패주해 가고 아무도 없는 우금치, 손만 남아 또다시 바위를 굴려 올렸다. 번번이 골짜기로 되돌아가야 되지만 발바닥 물집 터져 피 고이고 아물다가 되터지고 이러기를 백여 년! 깃발도 함성도 없는 오늘도 여전히 힘살 부풀어.

대 꽃 · 7
── 바 위

물찬 은어가 영산강 상류로 거슬러 오르다 지느러미 스치는 바위. 노령 산줄기 하나 강물에 부딪쳐 일렁이는 금당 마을의 바위. 어느날을 기다려 바위는 자라기 시작했다. 담장의 호박이 자라듯이 그러한 속도로 몸 저리며. 그러면서 자기 몸 깊숙이 핏줄을 아로새기고 있었다.

강물은 몸 부른 바위를 감돌아 몇 십 삭의 나날을 흐르고 이윽고 바위에 균열이 왔다. 점점점 벌어지는 바위 틈으로 비가 내렸다. 쏟아졌다. 천둥 번개 엇갈리던 폭우 몇 달, 강물은 거센 아우성으로 흐르고 마을의 집이 한 채 두 채 무너졌다. 강물에 돼지가 떴다. 바위 몸조각도 격류에 휩쓸리기 시작했다. 몸조각 하나 둘 셋 넷 다섯…… 마침내 바위가 낳고 있던 아이조차도, 겨드랑이에 날개 돋친 아이조차도 강물에 휩쓸려 갔다.

대 꽃 · 8
──대 꽃

　이루어진 지 스무 해쯤 되어 보이는 대숲에는 삼십대의 상인도 오십대의 품팔이도 들어가 섰읍니다. 철 모르는 어린이도 섞였읍니다. 대숲이 술렁거리더니 일제히 전진하기 시작했읍니다. 서걱이는 행진의 걸음마다에 외마디 외침이 폭발했읍니다. 임금님 귀는 당나귀 귓속으로 파고드는 이 소리는 종로에서 광화문으로 곧장 달려갔읍니다. 소리가 부딪친 전방 바리케이트에서는 돌연 총포가 난사되었읍니다. 이에 대나무들은 쓰러지며 대꽃을 피웠어요.

한 송이 피면
또 한 송이 거품 뿜으며 피고
이꽃 저꽃 저꽃 이꽃 우르르우르르 무리져 피는
피다가 모두 죽는
대꽃.

사 할 린

학생 시절 풀밭에 누우면 그대로가 위안이었다. 풀잎은 뿌리로 끊임없이 연결되고 저희끼리 엉켜서 허리를 단단히 받쳐 주는 느낌이었다. 졸업은 우연히 1980년, 졸업 후에는 어느 풀밭도 위안이 아니었다. 어느날 시름시름 허리 아프기 시작해서 누워 지내기 이 년, 그 하염없는 외로움의 방구석에 사할린 탄광으로 징용갔던 한 사내의 목소리가 들려 왔다. 나는 어느새 남의 외로움을 만나 나의 외로움을 다스리는 일에 익숙해져 있었다.

1

기러기 한 떼
남쪽 하늘로 날으는구나
솟구치는 눈물을 어떻게 참을 수 있단 말인가
떠날 때엔 녹의홍상의 아내여
떠날 때엔 걸음마 배우던 아들이여
모두 어찌 사나
답답하고 답답해서 막힌 가슴
솟구치는 눈물을 어떻게 참을 수 있단 말인가
조국은 어찌 되었나

조국의 손길은 언제나 올지
해방 후 사십 년을
매일매일 손꼽아 기다리는데
고향에 갈 날을 기다리는데
나의 소망 나의 기다림은 물거품인가
시시각각 시시때때 물거품인가
베스카리탄스키, 버려진 백성
우리는 지금 버려진 백성
대대로 조상이 묻힌 나의 조국이여
사할린의 고아를 잊지 말고
품에 반겨다오.

2

자원해서 고아가 되지 않듯이
우리는 자원해서 온 게 아닙니다
콩밭도 보리밭도 없는 여기에
농투사니가 뭣 하러 왔겠읍니까
갱에서 보낸 반생은
갱에서 맞는 백발은

90

도대체 누구의 몫입니까.
나의 운명은 거미줄에 걸린 잠자리
일제의 거미줄에 걸린 영락없는 잠자리
반항할 수도 도망칠 겨를도 없었지요
태평양 전쟁으로 놋숟갈을 걷어 갔던
그 해 겨울밤 좁쌀죽을 먹을 때
후룩후룩 좁쌀죽이 목구멍을 넘어갈 때
순사 거미가 집 마당에 들어서자
운명은 그대로 결정났지요
그러니 죽지 않은 게
낙반 가스 폭발 발파 사고로
벚나무 몽둥이로 영양 실조로
해방 전에 죽어 없어지지 않은 게
천만 요행 중의 요행입니다

   3*

지붕보다 높은 담장에 둘러싸여
하루 열 네 시간 노동에
식사는 콩깻묵과 밀가루

석탄을 팔 때는 배고파 죽을 지경
일 끝나면 탈진해 설 수도 없었네
열 여섯 살 소년은 몸이 아파서
어느날 쉬려다가 목도로 맞았네
갱 안에서 쫓기다가 낙반으로 죽었다네
파내어 손발을 문지르고
눈물을 흘리면서 이름을 불렀다네
감독은 목도를 들고
시체는 놓아두고 석탄을 파라
명령을 내렸네
이 말 듣고 모두 함께 가슴을 치고
탄차를 뒤엎고는 석탄을 쏟은 다음
시체를 먼저 실어냈네
죽은 자는 많아도
장사 지내는 것은 못 보았네.

4

지붕보다 높은 담을 허물었으니
해방은 진실로 해방이었네

갱 밖에서 햇볕을 쬘 수 있으니
광복은 진실로 광복이었네
하지만 해방은 뜬구름처럼 와서
뜬소문처럼 사라져 버렸네
변함없이 억류된 우리가 살아 있는 증거라
조국은 정말 해방이 되었을까
패전한 일본놈은 자유롭게 떠났는데
해방된 조국이 왜 우릴 버려둘까
소련 국적 북한 국적 모두 마다하고
무국적자로 남아 스스로 자유를 버린 뜻은
오로지 귀향할 일념인데
독신 아닌 독신으로 사십 년을 기다린 뜻은
오로지 처자 상봉 바램인데
해방된 조국이 왜 우릴 버려둘까
무식하니 소견 없는 나에게는
식민지나 분단이나 크게 다를 비 없느니
집에 갈 수 없기는 마찬가지라
처자 상봉 못 하기는 마찬가지라

5

아내여, 새색시로 떠오르지만
머리칼 파뿌리일 나의 아내여
거친 세파 육이오에
여성 홀로 자식 기르기에
당신의 주름살은 어떻게 파였을까
도저히 미안한 맘 주체할 수 없네
일본인과 결혼하면 돌아갈 수 있기에
그 가증한 일본의 여자에게
수차 청혼도 해 보았지
허나 광부 주제에
그것도 위장 결혼 당키나 하겠는가
세상에 겁은 눈물이 나네
맨날 석탄만 판 때문만은 아닐 것일세
이게 대체 얼마나 허망한 일생인가
모두 내 운명의 죄이고 허물일세
내 운명이 당신을 버렸으니
용서하게, 모두 내 죄이고 허물일세
여기는 칠월까지 눈이 오네

나도 다른 늙은이처럼
몇 년 못 가 냉병으로 죽을 것일세
멀리서 외로이 몇 날 몇 시인지도 모르게.

6

언제든 돌아가리
사할린 땅 공동산에 육신은 썩더라도
죽어 혼만은 기러기 날개에 붙어 가리
이천 년 유랑민 유태인도 떠나는데
억류된 이 몸 안타까이 속만 태우니
독한 보드카 창자를 적시네
잘못이야 모두 잘못이야
하루 이틀 손꼽나기 사십 년을 허송하니
나는 이미 수십 년 전에 허물벗은
뱀의 허물
허물을 뒤집어쓰고 산 것이야
내가 지금 사십 세 전이라면
아니 오십 세 전이라면
슬라브 여자에게 장가를 가리

단 한 번 인생을 허송하지 않으리
하지만 나는 이제 빈 껍질
속이 텅 비어 말라 죽는 나무
사할린 땅 공동산에 육신은 썩더라도
언제든 가리
죽어 혼만은 기러기 날개에 붙어 가리.

* 3은 탄광으로 징용갔던 재일 교포 안용한의 노랫가락에서 취재함.

이야기와 상처 다스리기

成　民　燁

崔斗錫은, 참담한 현실을 차분하게 이야기함으로써 혹은 이야기하는 방식을 추구함으로써, 다른 많은 80년대의 젊은 시인들과 스스로를 구분짓고 있다. 그의 시의 3/4 가량이 행갈이를 하지 않은 줄글로 되어 있는 것은 그 〈이야기하는 방식의 추구〉로 말미암은 것이다. 그는 시를 쓰면서 왜 굳이 〈이야기〉하고자 하는 것일까? 이 물음에 대해, 시인 자신은 「노래와 이야기」에서 다음과 같이 분명하게 답하고 있다.

> 노래는 심장에, 이야기는 뇌수에 박힌다.
> [·········]
> 그러나 내 격정의 상처는 노래에 쉬이 덧나
> 다스리는 처방은 이야기일 뿐
> 이야기로 하필 시를 쓰며
> 뇌수와 심장이 가장 긴밀히 결합되길 바란다.

이 진술에 따르면, 최두석의 시쓰기는 〈격정의 상처〉를 다스리는 일에 다름아니다. 그래서 그는 이야기로 시를 쓴다. 노래는 격정의 상처를 덧나게 할 뿐이며 다스리는 처방은 이야기일 뿐이기 때문이다. 과연 그런가, 라는 질문은 여기서 무의미하다. 필요한 것은, 그 〈격정의 상처〉란 무엇이며 그 상처를 다스리기 위해 시인이 시도하고 있는 독특한 〈이야기시〉 양식은 구체적으로 어떤 것인가, 그리하여 상처는 어떻게 얼마나 다스려지고 있으며 그 상처 다스리기의 의미는 무엇인가 등등을 밝혀내는 일이다. 이 밝혀냄은 곧, 최두석이라는 시 정신의 현실과의 맞부딪침, 거기서 빚어지는 가열한 정신의 불꽃을 주체적으로 수용하는 일이기도 하다.

초기작에 속하는 「장화홍련」(1982년 3월 『오월시』 2집에 발표)은, 최두석의 이야기 시의 방법적 특성들을 비교적 고르게 보여 주는 작품이다. 편의상, 이 작품에 대한 검토에서부터 논의를 시작해 보자.

눈동자 속에 가득한 꽃
그 중 薔花紅蓮을 읽는다.

부러진 가로수 가지에서 안개가 피어나고 무진의 거리를 장화가 걷는다. 몇 군데 가게를 들러 미래의 아기옷을 사들고 문을 여는 순간 비칠 쓰러졌다. 홍련은 마구 뛰었다. 어느 낯선 민가의 문을 밀치고 들어섰다. 기다리던 장쇠는 이미 칼을 거두었다. 안개가 덮여 왔다. 자욱히 숨막히게 그녀의 치마가 바람에 날려다녔다.

교외의 쓰레기 처리장에서는
장미가, 연못에서는
연꽃이 썩는다.
내 눈동자도 썩어들어간다.   ——「장화홍련」

일견해서, 이 작품이 고대 소설 『장화홍련전』의 패러디임을 알 수 있다. 이 패러디가 겨냥하는 것은 무엇일까, 혹은 물음을 바꾸어, 시인은 왜 패러디를 필요로 했을까? 「장화홍련」과 『장화홍련전』 사이의 공통점은, 장화·홍련·장쇠 등 인물의 이름이 같고 장화·홍련이 죽는다는 점뿐이다. 이 점을 제외하면, 『장화홍련전』의 인물들의 관계나 사건의 추이 같

은 것은 전혀 무시되고 있으며, 심지어는, 명백히 위배되고
있다. 예컨대, 『장화홍련전』에서 장화는 부정한 씨를 잉태했
다가 낙태했다는 누명을 쓰고 장쇠에 의해 연못에 빠져 죽으
며, 홍련은 장화의 원혼의 울음을 듣고 역시 그 연못에서 자
살한다. 그러나 「장화홍련」에서는, 장화는 〈문을 여는 순간
비칠 쓰러〉지고(누구 손에 쓰러졌는지는 분명치 않다), 홍련은
〈마구 뛰어〉 도망치다가(홍련이 장화의 쓰러짐을 목격하고 마구
뛴 것인지, 그런 인과 관계 없는 동시적 병존인지는 분명치 않다.
서사물에 대한 기대의 지평내에서는 전자로 읽히게 마련이지만, 이
작품에서는 후자로 읽는 편이 보다 타당할 듯하다) 장쇠의 칼 아래
숨을 거둔다. 이렇게 보면, 『장화홍련전』의 패러디는 이 작
품이 직접 의도했던 바가 아니며, 오히려 이 작품은 그 의도
하는 바를 달성하기 위한 하나의 수단으로 『장화홍련전』의
지엽적 요소들을 단순 차용한 것일 따름이다. 이 작품의 진
정한 의도는 테러리즘의 참혹함을 폭로하는 데 있다(그 폭로는
최두석 시의 중요한 주제들 중의 하나이다. 「놀부전」「내시」「까마
귀」 등과 아기장수 설화를 차용한 「정여립」「옥녀봉」 등, 그리고 「망
월동」「기종도」「관동리」 등도 이 주제와 관계되는 작품들이다).
그렇다면 그 폭로를 직접적 서술에 의하지 않고 『장화홍련전』
의 패러디에 의한 것은 무엇 때문인가. 그것은, 우선 문학 외
적 제약과 관계됨이 분명하다고 할 수 있겠는데, 보다 중요
한 것은, 그와 동시에 시인에게 자기 억압의 형태로 존재하
는 심리적 차단 장치가 작용하고 있다는 점이다. 장화의 쓰
러짐이 누구 손에 의한 것인지 그리고 어떻게인지(예컨대 칼
로 찔러서, 돌로 쳐서 등등)를 일부러 서술하지 않고, 홍련의
죽음을, 〈기다리던 장쇠는 이미 칼을 거두었다〉는 진술로, 암
시할 뿐 그 죽음의 정황을 일부러 서술하지 않으며, 심지어
는 〈쓰러졌다〉〈치마가 바람에 날려다녔다〉고 말할 뿐 죽임
을 당했다는 식의 표현은 결코 사용하지 않고 있는 것들이

그것을 말해 준다. 그것이 바로, 최두석의 그 〈격정의 상처〉의 정체이다. 그 〈격정의 상처〉는 직접적으로 드러나질 때——즉, 노래될 때——덧난다. 다시 말해, 테러리즘의 참혹함에 대한 분노와 슬픔을 그 자체로 토로할 때 분노·슬픔의 강렬한 감정에 휩싸여 버리고 거기에 매몰되어 버리는 것이다. 최두석은 그 분노·슬픔의 강렬한 감정을 동력으로 하여 냉혹하다 할 만큼 차분하게, 분노·슬픔을 직접태로 드러내지 않으면서 그 참혹함을 폭로한다. 그리고, 독자는, 이 차분한 이야기에서 오히려 더욱 처절한 울림을 체험하게 된다. 이것이 최두석의 이야기 시 양식의 대략적인 윤곽이다. 그런데 여기서 간과해서 안 될 것은, 이런 이야기 시 양식이 철저한 목적론적 논리를 밑에 깔고 있다는 점이다. 「장화홍련」의 진정한 시적 대상은 테러리즘에 희생당한 사람들이다. 시인은 그 대상을 꽃으로 변형하고, 그 변형의 적합성을 얻기 위해 『장화홍련전』을 끌어 오는 것이다. 그 변형 과정에서 기능하는 것이 시인의 섬세한 상상력이다. 이렇게 보면, 최두석의 상상력은 의식적 상상력이며, 그렇기 때문에 목적론적 논리와 의식적 상상력이 행복한 조화를 이루지 못하는 때가 종종 있게 되고 그때 그의 〈이야기〉는 너무 거칠어지거나 너무 안이해진다. 거칠어지는 것은 「내시」에서처럼 긴장이 지나쳐 지적으로 통제되지 못할 때이고, 안이해지는 것은 「아카시아」에서처럼 긴장이 풀어져 상투적 인식의 차원에 머물러 버릴 때이다. 이러한 위험을 이겨내고 적절한 긴장과 행복한 조화를 이뤄낼 때, 최두석의 이야기 시는 「장화홍련」이나, 다음에 그 전문을 인용한 「대꽃·8」 같은 좋은 작품을 산출해 낸다.

이루어진 지 스무 해쯤 되어 보이는 대숲에는 삼십대의 상인도 오십대의 품팔이도 들어가 섰읍니다. 철부지 어린이도 섞였읍니다.

대숲이 술렁거리더니 일제히 진전하기 시작했읍니다. 서격이는 행진의 걸음마다에 외마디 외침이 폭발했읍니다. 임금님 귀는 당나귀 귓속으로 파고드는 이 소리는 종로에서 光化門으로 곧장 달려갔읍니다. 소리가 부딪친 전방 바리케이트에서는 돌연 총포가 난사되었읍니다. 이에 대나무는 쓰러지며 대꽃을 피웠어요.

한 송이 피면
또 한 송이 거품 뿜으며 피고
이꽃 저꽃 저꽃 이꽃 우르르 우르르 무리져 피는
피다가 모두 죽는
대꽃

4·19를 그리고 있는 이 작품은, 시위 군중을 대숲으로 변형하고(대숲의 전진은, 세익스피어의 『맥베드』에서의 숲의 전진을 생각나게 하는 서구적 이미지이지만, 여기서는 그것이 대숲임으로 해서——최두석은 담양 출신이다——그리고 뒤에 나오는 대꽃의 이미지와 어울려 참신한 이미지로 변모한다), 죽음을 대꽃의 개화로 변형하고 있다. 이 변형의 힘은 놀라와서, 4·19의 전말을 사실적으로 알고 있는 독자에게 그 앎을 훨씬 뛰어넘는 충격과 감명을 안겨 준다. 최두석의 〈이야기 시〉로 인해, 〈장화홍련〉과 〈대꽃〉은 이제 새로운——그러면서도 첨예한 비판 의식으로 충만한——의미로 우리의 의식 속에 자리잡게 되는 것이다.

최두석의 이야기 시 양식은, 이상 살펴본 바와는 또다른 유형을 포함한다. 그것은, 인물의 이력 작성이라는 형태를 하고 있다. 『오월시』 3집 (1983. 1)에 발표한 「한성대」를 필두로, 「춘열 양반전」 「박정길 양」 「김용오 씨」 「기종도」 「고재국」 「수국댁」 등의 일련의 작품들이 그것들이다.
그 중 「한성대」와 「춘열 양반전」은, 분단 상황이 개인의 삶을 어떻게 망그러뜨렸는가를 차분히 돌이켜보는 작품들이다(지나는 길에 덧붙이자면, 분단 현실에 대한 비판적 인식은 최두석 시의 중요한 주제들 중의 하나이다. 「임시 정부」「고라니」「나무」「전쟁놀이」「어등산」「박쥐」 등이 그 주제를 다양한 방식으로 다룬 작품들이며, 뒤에 자세히 살펴보겠지만, 「가투」「불모 작업」 등의 훌륭한 작품들도 이에 속한다). 「한성대」와 「춘열 양반전」의 대상 인물은 술에 취해 주정을 해대거나(「한성대」) 광증을 나타내는데(「춘열 양반전」), 아마도 시인의 고향 마을 사람일 이들의 이 같은 행태를 시인은 무심히 보아 넘기지 않고 그 내력을 더듬는다. 그 결과, 그들의 삶이 6·25에 의해 망가졌고 오늘날 그들의 행태는 집단적 상처의 개인적 발현인 것임이 밝혀진다.

한편 「박정길 양」「김용오 씨」「고재국」「수국댁」 등의 작품들은, 인물 내력의 추적을 통해 그들의 고통스런 삶이, 혹은 비참한 죽음이 어떤 사회적·역사적 의미를 내포하고 있는지를 드러낸다. 말하자면, 일상에 묻힌 진실을 캐내는 것이다.

i) 자수기 한 대에 생계를 걸며 혼자 월셋방을 옮겨다니던 그녀는, 다시 찾아온 중독 사고로 세상을 떠났다. 더불어 유치원 선생이 되려는 작은 희망도 이승에서 사라졌다. 그녀가 이불에 수놓은 수천 쌍의 학, 그 날개 아래 잠든 사람들 단꿈 꾸는 봄밤에.
───「박정길 양」

ii) 그들의 아이가 자라듯이 그들의 저축도 부쩍부쩍 늘어서, 드디어 소원 성취하는 모습 가까이서 보려고 나는 잔뜩 기다렸다. 그러나 갑자기 생선 궤짝을 나르던 그의 형의 오토바이가 사람을 치이자 닦아놓은 일터를 팔아넘겨 그 자리값을 형수에게 건네고 다른 일터를 찾아 떠났다.
───「김용오 씨」

iii) 비록 동업이지만 바야흐로 찌든 얼굴 펴지고 내 선생 월급을 묻고는 미소짓는 게 참 다행이다 싶었는데 아 그는 요즘 미칠 지경이란다. 아니 미쳐서 돌아다닌단다. 에비군 훈련 간 사이 공장 들어먹고 잠적한 동업자를 찾으러.　　　　　　　　——「고재국」
　iv) 그러나 불행은 갑자기 완벽하게 다가왔다. 당면 배달 나가던
아들의 오토바이가 바람처럼 달려서 트럭과 정면 충돌한 소식이 폭
풍이 되어 수국댁을 땅바닥에 눕혔다.　　　　　　——「수국댁」

　위 인용에서 알 수 있듯, 이 작품들은 공통적으로 反轉 형
식을 취하고 있다. i)에서 박정길 양은 〈다시 찾아온〉 연탄가
스 중독으로 죽는다. 가스 중독사를 모면하고 이를 하나님의
은혜로 돌려 간증까지 했으며 교회에 감사의 표시로 종을 기
증하기까지 한 그녀는, 그러나 어이없게도 〈다시 찾아온〉 가
스 중독 사고로 죽는 것이다. ii), iii), iv)에서는 인물들이 물
질적 궁핍을 겨우 면하게 되었거나 면할 희망이 확보되었을
즈음에 자신의 책임과는 무관한(ii)에서 〈그의 형의 오토바이가
사람을 치이자〉라는 표현이나 iv)에서 〈아들의 오토바이가 바람처럼
달려서〉라는 표현에, 그 무관함을 강조하고자 하는 시인의——의식
적이든 무의식적이든——의도가 엿보인다) 돌발적 사고로 다시금
극심한 궁핍 상태로 추락해 버린다. 이러한 반전에서 우리는
자본주의 사회의 에토스의 허구성에 대한 통렬한 비판과 좌
절의 연속으로 귀결되고 마는 민중의 현실적 삶에 대한 안타
까움을 읽어내며, 동시에 ii)에서의 〈그 자리값을 형수에게
건네고 다른 일터를 찾아 떠났다〉 같은 구절에서 시인의 인
간에 대한 근원적 신뢰와, 온갖 고통과 좌절에도 불구하고
꿋꿋이 살아나가는 생명력에 대한 경외를 감지한다.
　그리하여 최두석의 민중관은 근본적으로 낙관적인 것이라
말해질 수 있다. 이 낙관성에 비추어 보면, 시인이 그토록
설화에 경도되고 있는 점(「장화홍련」「놀부전」「꽃바위」「전우치
의 황금대들보」「정여립」「우렁 색시」「옥녀봉」 등의 작품들은 모
두 설화와 관련된다)을 이해할 수 있다. 예컨대,

　　언제부터인지는 알 수 없지만
　　입에서 입으로 끈덕지게 전해 내려와
　　어린 날 누님의 목소리로 내 귀에까지 들어온
　　우렁 색시 이야기 같은 것이라 할까　　　　——「우렁 색시」

같은 대목에서 보듯, 설화의 끈질긴 생명력에 대한 인식이 시인으로 하여금 설화에 경도되도록 하고 있는 것이다. 최두석의 〈이야기〉에 대한 신념 또한 이와 무관하지 않다. 「노래와 이야기」에서, 그는

　　처용이 밤늦게 돌아와, 노래로써
　　아내를 범한 귀신을 꿇어 엎드리게 했다지만
　　막상 목청을 떼어내고 남은 가사는
　　베개에 떨어뜨린 머리카락 하나 건드리지 못한다.
　　하지만 처용의 이야기는 살아 남아
　　새로운 노래와 풍속을 짓고 유전해 가리라.

라고, 명백히 진술하고 있는 것이다.

　이제, 우리는 최두석의 〈상처 다스리기〉의 의미를 길어낼 수 있겠다. 그것은 치유가 아니라, 상처를 대상화·객관화하여 드러내는(단, 그 드러냄이 덧남을 수반하지 않아야 한다는 전제 아래) 것이다. 그런 의미에서 최두석은 〈상처 다스리기〉에 성공하고 있다. 그런데, 이 판단에는 한 가지 단서가 붙어야만 한다. 즉, 그 〈다스려지는〉 상처가 시인에 의해 관찰되는 타인의 것으로 남아 있고 내면화 내지 자기화가 깊이 진행되지 않을 때——인물의 이력 작성 형태의 작품들이 대체로 그러하다——그 상처의 대상화·객관화가 너무 쉽게 이루어져 시적 공간을 지나치게 평면적인 것으로 만들어 버린다는 점이다. 그렇기 때문에 이 작품들이 보여 주는 낙관적 민중관이

104

절실한 울림을 울리기보다는 허약한 스테레오타이프로의 추락 위험성으로 보이게 된다. 이 점은, 가령 상처의 내면화·자기화를 깊이 이루고 있는 「장화홍련」이나 「대꽃·8」 등이 긴장된 시적 공간을 창출해내는 것과 좋은 대조를 이루며, 또한 「가무」나 「불모 작업」 같이 시인 자신의 일상적 생활 체험에서 직접 비롯된 작품들이 얻고 있는 개연성과 극명히 대비된다.

　「국화 옆에서」나 「나그네」 등을 가르치다 보면 돌연 말을 잃고 눈은 유리창을 향하게 된다. 한참 만전을 피우며 들여다보는 유리에는 어린 날 물놀이하다 고무신짝 하나를 잃고 서 있는 내 모습이 나타난다. 그리고 고무신짝 하나만으로 학교를 하루 나갔으되 내내 신발은 한쪽뿐이었다는 느낌이 된다. 중등학교 시절에는 운동화였지만 내내 한쪽만 신었다는 느낌이 된다. 다시 고개를 돌려 바라보는 내 맑은 눈빛의 학생들도 모두 한쪽은 맨발이다. 그 모습으로 학교를 졸업하고 휴전선을 지키는 병사가 된다. 철책선에서 밤에는 보초를 서고 오전에 잠을 자고 오후에 불모 작업을 한다. 넓이 십 미터를 풀뿌리 하나 없이 파내는 작업, 그게 동해에서 서해까지 이어지게 하는 작업, 그러다가 까마득한 군번이 언젠가 묻어두었던 지뢰가 폭발한다. 외마디 소리 칠판 뒤에서 울려 온다.
——「불모 작업」

　위 인용시의 화자는 국어 교사이다. 화자는 수업 시간 도중, 자신의 성장 과정에 대한 회상에 문득 잠긴다. 〈한쪽은 맨발〉이라는 것이 분단 상황이 개인들에게 채운 족쇄를 뜻하는 것임은, 인용시의 후반부에서 명백해진다. 이어지는 군대 생활의 회상은 〈불모 작업〉에 초점맞춰지고, 그 〈불모 작업〉은 지뢰 폭발 사고로 인한 허망하고 비참한 죽음을 기억의 표면으로 떠올린다. 이러한 회상의 계기는, 표면에는 나타나 있지 않지만, 제도적 틀 속에서의 자신의 가르침이 〈한쪽은 맨

밭〉상태를 벗어나지 못한 것이며 벗어나기는커녕 오히려 〈불모 작업〉과 다르지 않다는 반성이다. 〈불모 작업〉은 〈지뢰 폭발 사고〉를 낳는 일종의 자해 행위에 다름아닌 것인데, 이는 자신의 가르침 역시 자해 행위일지도 모른다는 참혹한 깨달음을 밑에 깔고 있다. 이러한 일관된 인식 작용의 상승의 끝에서 화자는, 칠판 뒤에서 울려 오는 외마디 소리를 듣는 것이다.

　이러한 치열성의 획득은, 상처의 내면화·자기화가 없이는 불가능한 것인지 모른다. 최두석의 이야기 시의 관건은 바로 여기에 있다. 상처 다스리기가 상처의 내면화·자기화가 미흡한 상태에서 시도될 때 자기도 모르게 은폐된 감상주의로 추락하여 거기에 안주해 버릴 위험이 크다는 점을 항상 경계하여야 할 것이다.